AF562095

CONSIDÉRATIONS
SUR
LES RECOMPENSES NATIONALES.

PAR le Citoyen LOUIS ROUSSIERE, *ancien Commissaire-ordonnateur des guerres, Pensionnaire de la République, associé à l'Athenée de Vaucluse.*

A AVIGNON,
Chez FRANÇOIS CHAMBEAU, Imprimeur-Libraire.

An 12 de la République Française.

EXTRAIT DES RÉGITRES
DE L'ATHÉNÉE DE VAUCLUSE.

Séance du 23 Nivose an 12.

L'ATHÉNÉE DE VAUCLUSE, ouï l'Ouvrage intitulé : *Considérations sur les Récompenses Nationales*, par le Citoyen ROUSSIERE, l'un de ses Membres associés :

Considérant que l'idée de cet écrit ne peut avoir été inspirée à l'Auteur que par une sagesse éminemment éclairée, et qu'en substituant le ressort de l'honneur à celui de l'argent, le citoyen ROUSSIERE a consulté les intérêts de la Morale autant que ceux du Trésor public, applaudit aux excellentes vues de l'Auteur, et l'invite à publier son Ouvrage.

Pour Copie conforme,

H. MOREL, Secrétaire.

CONSIDÉRATIONS

SUR LES

RECOMPENSES NATIONALES.

L'AMOUR de la Patrie a sans doute été gravé par une main divine dans le cœur de tous les hommes. Cette tendre affection se nourrit dans tous les âges par le souvenir toujours présent du lieu ou nous avons reçu le jour. Par la reconnoissance des soins continuels d'une mère inépuisable dans sa tendresse, par la mémoire d'un père si vigilant sur les premiers développemens de notre naissante organisation.

Les effets toujours certains d'une éducation soignée, ajoutent encore de nouveaux liens à tous ceux qui nous attachent à la Patrie. Transportés dans une terre étrangère, le bonheur se refuse à nos vœux, et les plus tendres souvenirs nous ramenent sans cesse à nos premières affections.

Si cette affection est générale parmi les hommes, elle acquiert une teinte particulière, une plus ou moins grande activité dans le caractère national des peuples qui l'éprouvent.

Le caractère dont je parle n'est pas celui qui peut être altéré, par les vicissitudes, les révolutions et les maladies morales auxquelles les gouvernemens sont malheureusement assujettis. Les passions humaines ressemblent aux vents impétueux, elles agitent les surfaces ; mais elles ne sauroient atteindre le fond du caractère national.

Je n'examineari point ici les rapports

sur l'influence des climats qui peuvent établir cette importante vérité. Elle n'a pas échappé au génie qui rendra immortel l'ouvrage de M. de Montesquieu.

Si nous consultons les plus anciennes annales de l'histoire, nous trouverons dans le caractère des Bretons, toutes les traces qui nous rappelent celui que les Anglais ont conservé. Si nous lisons les commentaires de César, quelle ressemblance ne trouverons-nous pas entre les François et les Gaulois, que l'affection l'honneur et la gloire rendirent ses compagnons d'armes à la bataille de Pharsale.

Les braves Français ont-ils dégénérés de leurs ancêtres sous les étendards de Charles Martel et de Charlemagne. Les Anglois maîtres de la France après la mort de Charles VI, n'éprouvèrent-ils pas tout ce que peut l'amour de la Patrie sur le caractère National. Le fanatisme, les fureurs de la ligue, n'écartèrent jamais du sentier de l'honneur et de l'humanité, les dignes compagnons d'Henri IV. La révolution, enfin, opérée de nos jours nous rappele, sans doute, de tristes souvenirs; mais avec quelle consolation ne trouvons-nous pas sous les étendards de Bonaparte, toute l'énergie du caractère national, et ces qualités brillantes de nos ancêtres, qui ont rendu le héros immortel qui nous gouverne, le pacificateur de l'Europe.

L'amour de la Patrie ne peut devenir digne d'elle que par la noble association des sentimens qui mettent la Nation Française à la hauteur de ses destinées. La religion, la morale et l'honneur étoient gravés dans tous les cœurs avant de fixer les regards du premier Consul, et ces grands éléments du bonheur, de l'estime et de la prospérité des nations, ont reçu par ses soins le mouvement qui leur étoit nécessaire. Aussi rapide dans ses institutions civiles que dans ses triomphes militaires. La religion a relevé ses autels, la morale attend le complément prochain du Code de nos Loix pour assurer entièrement son empire ; et l'honneur, cette idole chérie de nos braves ancêtres trouve dans la légion créée par le héros restaurateur, le sanctuaire le plus digne de son culte.

Les liens les plus sacrés devoient unir la Patrie reconnoissante aux plus fidelles de ses enfans, ceux qui ont versé leur sang et prodigué leur vie pour elle, ceux qui par leur génie, leurs talens distingués ont le bonheur de contribuer par leurs travaux à son élévation, à sa gloire et à sa prospérité, partagent avec le même sentiment les récompenses de la légion d'honneur.

Les fastes de l'histoire nous ramenent, pour ainsi dire à chaque page, aux véritables causes de la grandeur et de la décadence des empires ; les plus influentes de toutes sont celles qui fortifient ou altèrent les principes conservateurs des gouvernemens.

Celui dont nous jouissons assure notre bonheur par les plus salutaires institutions, elles nous deviendront encore plus chères lorsqu'une appréciation épurée de l'intérêt pécuniaire, rendra au caractère national tout l'éclat qui lui appartient.

« La Patrie n'a-t'elle pas à sa disposition pour partager ses bienfaits, les récompenses d'honneur et les récompenses pécuniaires. Ces dernières sont le patrimoine sacré des citoyens auxquels elles deviennent nécessaires. Elles sont destinées encore à une classe d'hommes que des services éminens rendent également susceptibles des récompenses honorifiques et des récompenses pécuniaires. La réunion des graces en pareil cas, est aussi digne de la Patrie qui les accorde que du citoyen qui les reçoit.

Les récompenses Nationales ont été chez tous les peuples civilisés, et dans tous les gouvernemens les grands ressorts qui par leur énergie et leur tention continuelle élevent le caractère National au dégré d'enthousiasme où il doit être soutenu,

Cet enthousiasme lorsqu'il est épuré par la morale, l'amour de la gloire et l'honneur, est la source des grandes vertus, des plus belles actions militaires et des plus vastes conceptions. Il enfante les héros dans nos armées, les hommes d'Etat dans le Sénat, dans le Corps Législatif, dans le Tribunat; il anime du même esprit les Autorités Constituées. Il perfectionne les arts, il multiplie les branches du commerce et se nourrit enfin de tout le bien qu'il peut faire à sa Patrie.

Les récompenses pécuniaires trop souvent jointes aux récompenses honorifiques, n'offrent pas des ressources inépuisables, la sage direction de ces différentes graces, n'est pas seulement nécessaire à la conservation des finances. La séparation réflechie de ces deux récompenses paroîtroit plus adaptée au caractère Français qu'à celui de toute autre nation.

Personne n'ignore la belle réponse du grenadier chargé par le Maréchal de Saxe, de visiter une tranchée de l'ennemi. Il se présente à son général affoibli par la perte de son sang , soutenant à peine la fascine qui devoit être le signe glorieux de son exactitude et de sa bravoure. Sa surprise est extrême à la vue de la bourse remplie d'or que lui présente le Maréchal. Il la jette sur sa table et s'élevant à la dignité qui lui convient ; mon Général , lui dit-il , *ces choses-là ne se font pas pour de l'argent.* Combien de traits de cette espèce, si nous étions plus soigneux de les récueillir , ne nous retracent pas journellement sous les étendards de Bonaparte la noble élévation du caractère National.

L'honneur consola les Français à la bataille de Pavie , il réunit les braves compagnons d'Henri IV. à son panache blanc , et cette divinité tutélaire conduisoit les armées républicaines de triomphes en triomphes pour faire oublier les malheurs de la révolution.

Heureuse la Nation et plus heureux encore le Gouvernement qui trouve dans les récompenses honorifiques une source de bienfaits aussi féconde qu'elle est inépuisable.

Quelle reconnoissance ne devons-nous pas au Ier. Consul, au Sénat, au Corps-Législatif, au Tribunat et à toutes les Autorités Constituées. Le génie de Bonaparte animoit le Gouvernement lorsquil secondoit ses vues bienfaisantes sur la régénération du corps social ; et comme la sagesse est aussi circonspecte dans ses moyens que les idées exagérées sont irréfléchies. Que de ménagemens n'a-t-il pas fallu employer pour assurer notre convalescence morale et accélérer la marche de notre Libérateur.

Il falloit préserver cette convalescence des réchûtes funestes dont elle étoit menacée. Il falloit ramener les cœurs et les esprits aux idées libérales sans lesquelles le bien devient si difficile à faire. Le médecin vigilant proportionne le régime à la foiblesse de son malade. Il déguise même pour surmonter ses dégoûts, les alimens les plus nécessaires au rétablissement de ses forces.

Il falloit séparer du cahos de la révolution, les institutions véritablement utiles au gouvernement, de celles qui devenoient nuisibles à sa prospérité. Il falloit pour la régénération des Sciences, des Arts et du Commerce rétablir sous des noms différens les associations les plus salutaires.

L'organisation donnée aujourd'hui à l'institut national par les soins de Bonaparte, rend au génie du cardinal de Richelieu l'hommage qui lui appartient, elle réunit les plus belles institutions en ce genre du siècle de Louis XIV. les Athénées, les Lycées, les Conseils de commerce dans les principales villes de la république, offrent les associations les plus favorables pour le progrès des Arts et des Sciences.

La plus auguste, la plus noble et la plus flatteuse de toutes, étoit réservée au génie immortel du Ier. Consul. La Légion d'honneur n'est-elle pas l'association des hommes les plus dignes par les sentimens dont ils sont animés, de contribuer à l'affermissement, à la gloire et à la prospérité du gouvernement. Si la Patrie reconnoissante a été forcée de mettre des bornes à ses dotations pécuniaires, elle n'en mettra pas aux récompenses honorifiques par les graduations dont elles sont susceptibles.

Les guerres malheureuses de Louis XIV. avoient épuisé les finances de l'état et affoibli le zèle des défenseurs de la patrie. L'institution de la Croix de St-Louis, enfanta des prodiges; on vit les Officiers les plus indigens faire hommage de leurs pensions pour obtenir cette honorable distinction. *Je le crois bien* fut la célèbre réponse du Monarque à l'un de ces Officiers , et cette réponse est le plus digne éloge du caractère National.

Nous ne rappelerons pas ici tout le sang versé , toutes les fortunes particulières sacrifiées au desir d'obtenir cette ingénieuse décoration. Son premier éclat s'affoiblit sans doute par toutes les causes qui ont rendu la révolution inévitable , mais l'espèce d'humiliation éprouvée par les anciens militaires qui en étoient privés , rendoit encore un dernier hommage au caractère National.

Personne n'ignore que cette association distinguée des défenseurs de la patrie n'avoit de féodal qu'une qualification commune accordée par le souverain aux pourvus des charges vénales qui donnoient la noblesse et que ces derniers étoient exempts du droit de franc - fief pendant que les premiers y ont été constamment assujettis.

Cette ingénieuse distinction n'étoit-elle pas aussi personnelle qu'elle se trouvoit indépendante de la naissance, de la noblesse et de la féodalité. On partage encore les regrets des Officiers toujours fidèles à leur reconnoissante patrie qui se trouvèrent privés de cette précieuse décoration et ce n'est pas sans émotion qu'on se rappele les larmes versées par les soldats vétérans en se dépouillant du témoignage le plus honorable de leurs services.

La destruction de toutes les Institutions Sociales, de tous les liens, qui, par la religion, la morale et l'honneur attachoient si fidélement les Français à leur patrie, fut malheureusement un effet inévitable ; je ne dis pas de la révolution, mais, du délire révolutionnaire. Les élémens agités par les plus violentes tempêtes rendent plus délicieuse et plus chère la renaissance des beaux jours. C'est ainsi, que le règne de la sagesse et celui des plus salutaires conceptions, nous présente les grands effets de cette providence divine à laquelle nous devons le héros qui nous gouverne, et les estimables *coopérateurs* associés à ses immenses travaux.

Nous avons cherché à développer ici les principaux effets des récompenses honorifiques, parce qu'elles sont plus adaptées au caractère National qu'à celui des autres peuples de l'Europe. Il nous reste à examiner si les décorations de quelque nature qu'elles puissent être, en se montrant sans cesse à tous les yeux, n'ont pas besoin de cette précieuse publicité pour rendre à l'honneur National l'hommage le plus digne de lui.

L'essence d'une distinction honorifique n'est pas seulement d'inspirer à-la-fois le respect pour elle et pour celui qui la reçoit, elle doit fixer tous les regards pour multiplier les desirs de l'obtenir, elle ajoute alors de nouveaux liens à tous ceux qui nous attachent au bon-

heur

heur et à la gloire de la patrie reconnoissante.

Les costumes si judicieusement affectés aux autorités constituées , aux militaires , aux fonctionnaires-publics , sont destinés sans doute à les faire reconnoître pour assurer à chacune de leurs fonctions le respect qui leur est dû. Ne seroit-il pas à désirer qu'on pût reconnoître encore dans ces distinctions générales les citoyens , qui , par des services éminens , par la pureté de leurs mœurs , par des vertus distinguées ont mérité de la patrie les décorations ostensibles qui doivent en être le prix.

Les considérations que nous venons d'exposer ici ne rempliroient pas entièrement le but qu'elles doivent atteindre, si nous ne cherchions à détruire les idées exagérées qui ont été si long-tems adoptées par des citoyens estimables ; pour les ramener à leurs justes appréciations, il suffiroit de rappeler les principes restaurateurs du Gouvernement auquel nous devons le bonheur et la tranquillité dont nous jouissons.

L'égalité en droits a été dans nos différentes constitutions et se trouve dans celle que nous chérissons aujourd'hui le premier et le plus bel hommage rendu à la dignité de l'homme. Toutes les institutions qui assurent la possession inaltérable de ce droit primitif et sacré fortifient tous les liens qui nous attachent à la patrie et à l'essence du Gouvernement actuel. Toute autre égalité considérée sous les différentes acceptions qu'elle peut recevoir est une idée aussi exagérée qu'elle est irréflechie ; quelle variété de nuances la nature, en effet, n'a-t elle pas répandu parmi les hommes dans leurs forces physiques et dans leurs facultés morales. En renfermant donc l'égalité dans la seule acception qui lui appartient, nos Législateurs ont donné à l'édifice de notre sage constitution la base sur laquelle reposent les grands résultats que nous devons en attendre.

Les récompenses honorifiques blesseroient sans doute l'égalité des droits si elles étoient accordées par la faveur et une bienfaisance irréfléchie. Toute autre égalité qui met l'amour-propre sans mérite réel à la place d'une noble émulation, est l'ennemie irréconciliable de la morale, de l'ordre, de l'harmonie sociale et de tous les principes d'un bon gouvernement.

Il y a une grande inégalité en effet entre l'homme inutile à sa Patrie ; le guerrier qui verse son sang pour elle, et le citoyen qui par un dévouement inépuisable lui consacre sa fortune, ses veilles, ses travaux et tous les fruits de son génie. Il appartenoit au héros qui nous est cher, de réunir dans une sublime institution tous les mérites par une commune association.

Un costume donné à la légion d'honneur peut être trop facilement confondu avec le grand nombre de ceux existant dans la république. Le caractère national réclame d'ailleurs une décoration qui frappe tous les yeux, imprime la reconnoissance et le respect, signale le mérite, les actions et les vertus des dignes compagnons de la légion d'honneur. Cette décoration en recevant les graduations dont elle est susceptible; assure une économie nécessaire et une plus juste direction dans l'application des récompenses pécuniaires; elle est plus digne de l'honneur dont elle est le prix. Elle est offerte à la noble émulation qui anime le caractère national et renouvelle les belles actions. En s'élèvant par ses graduations au dessus des récompenses pécuniaires elle ne laisse plus rien à désirer à la plus sublime institution. La légion d'honneur eut été désirée par nos ancêtres et cet illustre monument en passant à la postérité nous conservera la mémoire de Bonaparte et du Gouvernement sous lequel nous vivons.

La réunion de tous les Français, leur commun attachement pour le Gouvernement, est la noble alliance que le caractère national offre avec sa dignité ordinaire, aux regards des peuples et des puissances de l'Europe.

Cette réunion désirée et chérie invite aujourd'hui la patrie reconnoissante à ne pas rejetter du sanctuaire de l'honneur ceux qui en ont obtenu le prix, par des décorations exemptes de féodalité. Les Français qui ont servi la révolution, ceux qui servent le Gouvernement, ceux qui désirent de le servir et qui lui ont été constamment attachés, doivent lui être également chers, puisqu'ils sont animés du même zèle et du même esprit. Si l'impuissante vieillesse n'offre que des regrets à sa Patrie, ces regrets ont été appreciés par le héros libérateur. Le brave Rochambeau et ses vieux compagnons d'armes forment aujourd'hui la tête d'une colonne respectable qui deviendra chère à tous les Français, l'hommage rendu à la vieillesse est le plus digne de l'honneur et de l'humanité.

www.ingramcontent.com/pod-product-compliance
Lightning Source LLC
LaVergne TN
LVHW010404240826
846091LV00019B/2729

* 9 7 8 2 0 1 3 3 8 4 1 0 0 *